LES

DANAIDES,

TRAGÉDIE-LYRIQUE.

LES DANAIDES,

TRAGEDIE-LYRIQUE,

EN CINQ ACTES,

REPRÉSENTÉE

POUR LA PREMIERE FOIS,

SUR LE THÉATRE

DE L'ACADÉMIE-ROYALE

DE MUSIQUE,

Le Lundi 19 Avril 1784.

PRIX XXX SOLS.

A PARIS,

De l'Imprimerie de P. DE LORMEL, Imprimeur de ladite Académie, rue du Foin Saint-Jacques, à l'Image de Sainte Genevieve.

On trouvera des Exemplaires à la Salle de l'Opéra.

M. DCC. LXXXIV.

AVEC APPROBATION, ET PRIVILEGE DU ROI.

****

Le Poëme eſt de M***.

La Muſique de M.M. le Chevalier G L U C K
& S A L I E R I, Maître de la Muſique de la
Chambre de Sa Majeſté l'Empereur, & des Spec-
tacles de la Cour de Vienne.

****

AVERTISSEMENT.

*A*PRES *les succès nombreux & mérités que le Sujet des Danaides a obtenus sur nos différents Théâtres , nous n'aurions pas osé le faire reparaître sur celui de l'Opéra , si nous n'avions pas imaginé de l'y montrer sous une forme nouvelle. Si le public juge qu'à cet égard notre Poëme a quelque mérite , nous aimons à déclarer ici que ce mérite ne nous appartient pas tout entier.*

On nous a communiqué un manuscrit de M. de Calzabiggi , Auteur de l'Orphée & de l'Alceste Italiens , dont nous nous sommes beaucoup aidés. Nous avons emprunté quelques idées du Ballet des Danaides du célébre M. Noverre , ce moderne rival des Batilles & des Pilades ; nous y avons joint les nôtres , & du tout nous avons composé notre plan.

Un de nos amis , que sa famille nous a défendu de nommer , a bien voulu , pour accélérer l'ouvrage , mettre en vers une partie de notre composition , & ce n'est pas certainement celle dont le style paraîtra le plus négligé. La mort vient de nous enlever cet excellent homme connu par plusieurs Ouvrages en prose & en vers , également estimés : il était aussi recommandable par ses vertus sociables , son mérite militaire , & sa haute naissance , que par son esprit & ses talents littéraires. Qu'il soit permis à notre amitié de saisir cette occasion de rendre à sa mémoire ce juste tribut d'éloges

ACTEURS.

DANAUS, *Roi d'Argos*, M. l'Arrivée.

HYPERMNESTRE, *Fille de Danaus*,   Mme St Huberti.

LINCÉE, *Fils d'Egyptus*,   M. L'ainé.

Filles de DANAUS.	*Fils d'*EGYPTUS.
Mesdemoiselles.	*Messieurs.*
Guimard.	Nivelon.
Buret.	Chardiny.
Dorlay.	Gardel.
Joinville.	Dufresnay.
Deligny.	Favre.
Gavaudan, l'ainée.	Martin, l'ainé.
Zacharie.	Huart.
Audinot.	Larlat.
Perignon	Lefevre.
Gavaudan, cadette.	Martin, cadet.
Coulon.	Frédéric.
Chateauvieux.	Legrand.
Crépeau.	Dequeville.
Castello.	Poussez.
Garnier.	Quainel.
Girardin.	Rez.
Bigotiny.	Abraham.
Thaunat.	Capoix.
Courtois.	Simonet.

Mlles	M^{rs}
Dubuiſſon.	Valon.
Siville.	Lebel.
Garrus.	Jaliott.
Simon.	Poiſſon.
Rouxelin.	Renaud.
B	Coindé.
Charmoy.	Dauville.
Darcy.	Jolly.
Leclerc.	Moulin.
Camille.	Milon.
Desroſieres.	Jalaguier.
Barré.	Rivet.
D'Hauterive.	Delboy.
Joſéphine.	Ducheſne.
Launer.	Debeirek.
Maker.	Tacuſſet.
	Leroux, l'aîné.
	Delory.
	Fagnan.
	Leroux, cadet.

CAPITAINE des *Gardes* de *DANAUS.*
M. Moreau.

Trois OFFICIERS des *Gardes* de *DANAUS.*
Mrs Chardiny, Dufreſnay, Rouſſeau.

Gardes. Guerriers. Peuples. Démons.

La Scene eſt dans Argos.

PERSONNAGES DANSANTS.

Filles de DANAUS.	*Fils d'EGYPTUS.*
Mesdemoiselles.	*Messieurs.*
GUIMARD.	NIVELON.
DORLAY.	GARDEL.
DORIVAL.	FAVRE.
PERIGNON.	LEFEVRE.
COULON.	FRÉDERIC.
DELIGNY.	HUART.
CREPEAU.	DEGUEVILLE.
ADÉLAÏDE.	QUENEL.
Bigotiny,	Abraham.
Courtois,	Simonet.
Siville.	Le Bel.
Bourgeois.	Poinon.
Darcy.	Coindé.
Camille.	Joly.
Barré.	Milon.
Simon.	Rivet.

DÉMONS.

Mrs. Simonet, Degueville, Milon, Poinon, Coindé,
Joly, Rivet, Deschamps, Duchesne, Largilliere,
Le Breton, Francisque.

LES

LES DANAIDES,
TRAGÉDIE-LYRIQUE.

ACTE PREMIER.

Le Théâtre repréfente le Bord de la Mer , un Temple , les Préparatifs des Sermens de la Paix & de l'Hymen ; les Fils d'Egyptus defcendent de leurs Vaiffeaux.

SCÊNE PREMIERE.

DANAUS, HYPERMNESTRE, LINCÉE, *les Freres de* LINCÉE, *les* DANAIDES, PEUPLE & SACRIFICATEURS.

DANAUS.

TOI par qui, fans terreur, on n'oferait jurer,
O Junon ! puiffante Déeffe !

A

Reçois la fainte promeffe
Que ma bouche va proférer.

LINCÉE.

Reine des Dieux, écoute, & puiffé-je expirer,
Si je trahiffais ma penfée !

DANAUS.

Citoyens raffemblés fous fes yeux protecteurs.

LINCÉE.

Vous Peuple & Sacrificateurs,

DANAUS.

De Danaus,

LINCÉE.

Et de Lincée

TOUS DEUX.

Entendez les fermens !

DANAUS.

Au pied de ces Autels,

LINCÉE.

Et devant les immortels,

DANAUS.

Je jure pour moi, pour mes filles,

LINCÉE.

Pour mon pere & ses fils, par les mêmes sermens.

(*Ils mettent la main sur l'Autel.*)

ENSEMBLE.

Je promets d'étouffer tous les ressentimens
Qui divisaient nos deux familles.

LE *CHŒUR.*

O jour de paix ! ô jour heureux !
Vous avez rempli tous nos vœux.

DANAUS.

Si l'un de nous osait violer sa promesse !

ENSEMBLE.

Ciel ! désigne-le par tes coups,
Et de son châtiment épouvante la Gréce !

DANAUS, LINCÉE, & LE *CHŒUR.*

Que ta foudre vengeresse
Le sépare d'entre-nous !

LINCÉE & DANAUS.

Sur lui des Dieux du Stix invoquons le courroux.

LE *CHŒUR.*

De son sort à jamais, que tout l'enfer frémisse !
Des coupables fameux que les maux réunis

A ij

Se confondent pour fon fupplice.
Déchaînes dans fon cœur les ferpens d'Frynnis ;
Que le remord les y nourriffe !

D A N A U S.

Approchez-vous, mes chers neveux ;
A ces tendres Epoux donnez la main, mes filles ;
Et foyez les liens heureux
Qui réuniront nos familles.

LE CHŒUR.

Defcends du Ciel, doux Hymenée ;
Defcends, la tête couronnée
De fleurs & de myrtes nouveaux.

(*Les Epoux & les Epoufes fe donnent la main.*)
De nos mains, de nos cœurs ta douce loi difpofe :
Etends ton voile de rofe,
Et fais briller tes flambeaux.

(*On danfe.*)

P L A N C I P P E.

Loin de nous, jaloufie affreufe,
Porte ailleurs ton poifon cruel ;
Goûtons le charme mutuel
D'une chaîne à jamais heureufe.

Tendre amour, innocente paix,
Que fouvent des Cours on exile ;

Que nos lambris soient votre asile ,
Et ne fuyez plus les Palais.

(*On danse.*)

L E C H Œ U R.

Tendre amour , *&c.*

D A N A U S.

Je vois, jeunes Epoux, dans vos yeux satisfaits ,
De vos premiers transports briller l'impatience ;
   Je les contrains par ma présence ,
   Laissons les éclater en paix.
Belle Hypermneftre, & vous tendre Lincée,
Que j'aime à diftinguer dans un moment si doux ,
   Vous qui d'une ardeur empreffée ,
  Donnez l'exemple à ces heureux Epoux,
Préfidez à leurs jeux ; qu'une vive alégreffe ,
Que les banquets d'Hymen couronnent ce beau jour;
   Et bientôt venez dans ma Cour,
De vos freres fuivis, goûter la double ivreffe ,
   Et de Bacchus & de l'Amour.

   Jouiffez du deftin propice
   Dont l'amour flatte vos defirs.
   Sans bruit fouvent la mort fe gliffe ,
   Et nous frappe au fein des plaifirs.
   Chaque inftant la fatale barque
   Peut nous entraîner fans retour ;

Nul de nous ne fait fi la parque
Veut lui filer un autre jour.

(*Danaus fort.*)

SCÊNE II.

LES MÊMES , *excepté* DANAUS.

LINCÉE.

HYPERMNESTRE !

HYPERMNESTRE.

Lincée !

LINCÉE.

Objet de ma tendreffe !

HYPERMNESTRE.

Cher Epoux , je fuis donc à toi.

(*Elle lui donne la main.*)

LINCÉE.

Ta main , cette main que je preffe ,
Cette main charmante eft à moi.

HYPERMNESTRE.

O nœuds inefpérés !

LINCÉE.

O félicité pure !

N'eſt-ce point de mes ſens une charmante erreur?

HYPERMNESTRE.

Non, non, que ton cœur ſe raſſure,
Les ſermens de l'Hymen confirment ton bonheur.

LINCÉE.

Pourrait-on dans un menſonge
Goûter des biens ſi parfaits?

HYPERMNESTRE.

Cher Epoux, ſi c'eſt un ſonge,
Qu'il ne finiſſe jamais!

LINCÉE.

Quoi! ton pere & le mien avaient connu la haîne!
Et le plus tendre amour uniſſait nos deux cœurs!

HYPERMNESTRE.

Que leurs inimitiés m'ont fait verſer de pleurs!

LINCÉE.

Oublions tous ces jours de peine.
L'Amour à jamais nous enchaîne;
Rien ne peut rompre un nœud ſi fort.

HYPERMNESTRE.

Cher Epoux, non rien que la mort.

ENSEMBLE.

Eſt-il au Ciel un plus beau ſort!
L'Amour à jamais nous enchaîne.

ENSEMBLE.

Vous qui de notre ame attendrie,
Formâtes l'accord enchanteur,
Dieux ! auriez-vous la barbarie
De nous ôter tant de bonheur ?

LE CHŒUR.

Defcends des Cieux, doux Hymenée ;
Defcends la tête couronnée
De fleurs & de myrtes nouveaux ;
De nos mains, de nos cœurs, ta douce loi difpofe ;
Etends ton voile de rofe,
Et fais briller tes flambeaux.

(*On danfe.*)

FIN DU PREMIER ACTE.

ACTE

ACTE SECOND.

Le Théâtre repréfente un lieu fouterrain du Palais confacré à Némefis ; la Statue de la Déeffe eft au milieu : au-devant eft un Autel.

SCÈNE PREMIERE.

DANAUS, *les* DANAIDES.

LES *DANAIDES.*

Ou fommes-nous? quel fpectacle d'horreur!

DANAUS.

Mes filles, il eft tems de vous ouvrir mon cœur,
Et de vous révéler un effrayant myftère,
Que jufqu'à ce moment ma bouche a dû vous taire.
Vous voyez Némefis dont l'équité févère

B

Venge les attentats. Dès long-tems mon courroux
Lui dévoua le pere
De vos nouveaux Epoux.

LES *DANAIDES.*

Votre frere cruel !

DANAUS.

Lui-même.

HYPERMNESTRE.

Je friffonne !

DANAUS.

Ce jufte fentiment n'a rien qui vous étonne,
Mes filles, aucune de vous
N'ignore qu'Egyptus m'a chaffé de mon trône ;
Qu'il ordonna ma mort, qu'il nous fallut long-tems
Traîner dans cent climats une mifere affreufe,
Implorant des mortels la pitié dédaigneufe,
Et des Dieux les fecours trop lents.

LES *DANAIDES*

A quels maux nous livra fa cruelle pourfuite,
Jufqu'au jour où le Ciel, touché de nos douleurs,
Eut dans les murs d'Argos terminé notre fuite,
Et du bandeau royal eut effuyé vos pleurs !

HYPERMNESTRE.

Quelle horreur je prévois !

DANAUS.

La fin de nos malheurs
N'a fait que le réfoudre à hâter notre perte.
Il cache fes deffeins fous des voiles trompeurs,
N'ofant plus contre nous les fuivre à force ouverte.

PLANCIPPE.

Ces fermens,

DANAUS.

Ils couvraient les pieges de la mort.

LES *DANAIDES.*

Juftes Dieux !

DANAUS.

Frémiffez du fort qu'il vous apprête ;
Par les mains de fes fils qu'il charge de fes coups,
Il veut de votre Hymen enfanglanter la fête,
Et nous devons périr des mains de vos Epoux !

LES *DANAIDES.*

Le barbare ! & des Dieux la longue patience
L'épargnerait encor !

DANAUS.

Mes filles, il eft tems
D'égaler au forfait mon affreufe vengeance,
Et c'eft de vous que je l'attends.

Par un ferment épouvantable,
Jurez à Némesis, sur cet Autel vengeur,
De servir ma haîne implacable
Contre mon perfide oppresseur.

LES DANAIDES.

Divinité de sang avide,
O toi! dont la haîne homicide
Poursuit les crimes des humains,
Notre aveugle obéissance
Te consacre la vengeance
Qu'un pere remet en nos mains!

HYPERMNESTRE, bas.

Détestable ferment! coupable obéissance!

*DANAUS découvrant le voile qui cache un
faisceau de poignards.*

Saisissez ces poignards, cachez-les dans vos seins.
La nuit va sur ses murs jeter son voile sombre;
L'heure du silence & de l'ombre,
Près de vous va guider leurs pas.
Accueillez les cruels, avec un souris tendre;
Et quand l'heureux signal se sera fait entendre,
Dans leurs flancs portez le trépas.

Je vous vois frémir de colere,
Elle étincelle dans vos yeux;

Vengez-vous, vengez votre pere.
Vengez la Nature & les Dieux ;
Puniffez d'un coup légitime
Leur impitoyable fureur :
On a déja commis le crime,
Quand il eft conçu dans le cœur.

Les DANAIDES furieufes, entourant la Statue.

Oui, qu'aux flambeaux des Euménides,
L'Hymen allume fes flambeaux :
Frapons, frapons ces cœurs perfides,
Et que les lits d'Hymen leur fervent de tombeaux.

SCÉNE II.

DANAUS, HYPERMNESTRE.

DANAUS arrêtant Hypermneftre qui veut fortir avec fes Sœurs.

QUAND tes fœurs ont juré de fervir ma vengeance,
Je t'obfervais, tu gardais le filence.

HYPERMNESTRE.

Mes fœurs, je les détefte, elles me font horreur.

DANAUS.

Perfide ! que dis-tu ?

HYPERMNESTRE.

Quel comble de noirceur !
Aux fils de votre frere unir nos deſtinées,
Enfoncer par nos mains le couteau dans leurs flancs,
  Et des flambeaux de l'Hymenée
  Eclairer leurs corps expirans !

DANAUS.

Je prends ſur moi tout le fardeau du crime.
  Ce n'eſt point à toi de juger
  Si ma vengeance eſt légitime,
  Et c'eſt à toi de me venger.

HYPERMNESTRE.

Lincée a ſur l'Autel reçu ma foi ſacrée ;
Oubliez-vous la paix que vous avez jurée ?

DANAUS.

  Vain ſerment qui me fut dicté,
  Arraché par la loi ſuprême
Qu'impoſaient ma vengeance & la néceſſité.
Les Dieux ſavent ;

HYPERMNESTRE.

  Le Ciel atteſté par vous-même,
Sait la force des miens & leur ſincérité.

DANAUS.

Tu pourrais me trahir !

HYPERMNESTRE.

Plutôt mourir fur l'heure ;
Mais pour fauver l'Epoux que mon cœur doit chérir,
Je veux également & dois vouloir mourir.

DANAUS.

Le Ciel l'a condamné, puifque je veux qu'il meure.
Veux-tu me livrer à fes coups ?
Veux-tu d'un fol amour me rendre la victime,
A l'Auteur de tes jours préférer un Epoux !

HYPERMNESTRE.

Faut-il pour vous aimer ne pas haïr le crime ?

DANAUS.

Crains d'attirer fur toi ma haîne & mon courroux.
Mon ordre eft prononcé, c'eft à toi d'y foufcrire.

HYPERMNESTRE.

Avez-vous pu me le prefcrire ?
Quoi ! vous ordonnez que ma main ,
Dans le cœur d'un Epoux plonge un fer affaffin !
Vous ofez l'ordonner, ah cruel ! ah barbare !

DANAUS.

Perfide !

HYPERMNESTRE.

Pardonnez au trouble qui m'égare...

Par les larmes dont votre fille
Arrose en tremblant votre sein,
Mon pere de votre famille
Ne devenez point l'assassin.

Craignez des Dieux la justice suprême,
Et ne voyez qu'avec horreur
Un forfait que l'enfer lui-même
N'aurait pas conçu sans terreur.

Par les larmes dont votre fille, &c.

DANAUS.

Fille indigne de vivre, & du jour qui t'éclaire,
Tu sais qu'un oracle effrayant,
Menace Danaus de tomber expirant
Sous la fatale main d'un des fils de son frere :
Tu le sais, & tu veux, pour sauver ton amant,
Voir immoler ton pere !
Mais tu le voudras vainement,
Tremble jusqu'à l'heure fixée
Où doit couler le sang du perfide Lincée ;
Des regards vigilans, que tu ne verras pas,
Vont assieger tes pas,
Et pénétrer jusque dans ta pensée !
Si mon secret peut t'échapper
Par un coup d'œil, une parole,

Sur

Sur tous deux foudain la mort vole ;
Un même coup va vous fraper.

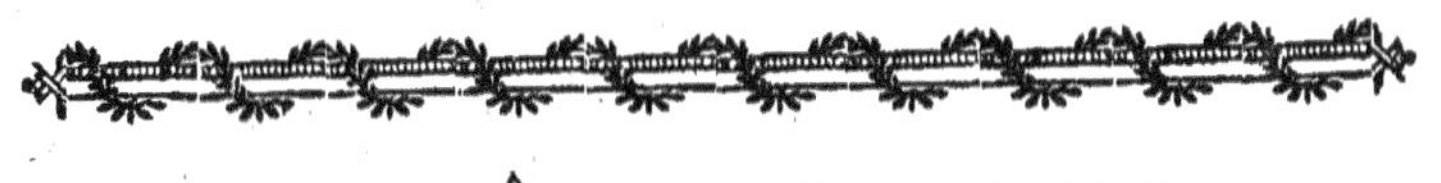

SCÊNE III.

HYPERMNESTRE , feule.

OU fuis-je ? où fuis-je, ô Ciel ! d'où viennent
   ces ténebres ?
Les enfers en ces lieux feraient-ils tranfportés ?
J'entends autour de moi jeter des cris funebres,
   Le fang ruiffelle à mes côtés !
Où fuirai-je ?... mes pas font entourés d'abîmes.
   Un ordre affreux, entre deux crimes,
   Me force à choifir en ce jour.
Dois-je étouffer la plainte, ô devoir ! ô nature !
Ou faut-il de mon cœur, repouffant le murmure,
   Sacrifier l'innocence & l'amour ?

Faut-il que je découvre un horrible myftere ?
Dans l'ombre du fecret dois-je l'enfevelir ?
   Si je parle, j'immole un pere ;
  Si je me tais, mon Epoux va périr !

   O foudre du Ciel ! je t'appelle,
   Finis mes maux, viens m'embrâfer.
                  C

Qui la retient ! que ne part-elle ?
Que tarde-t-elle à m'écraſer ?

O cher Epoux !.. Pere barbare !..
Mon ſang ſe glace, & ma raiſon s'égare ;
Mon eſprit agité flote en un doute affreux,
Tous mes deſſeins confus ſe détruiſent entr'eux...
De Danaus qui peut calmer la rage ?
J'ai vu de ſon œil menaçant,
Partir le ſignal du carnage.
Il brûle, le cruel, de s'enivrer de ſang !
Ah ! mon âme en ſes maux de force eſt dépourvue.
Le monde, ni le Ciel, n'en ſont point attendris ;
De mes pleurs ſupplians ils détournent la vûe,
Ils ferment l'oreille à mes cris !

Je me vois ſans appui, tout me fuit, m'abandonne ;
La ſombre nuit qui m'environne,
Ne découvre à mes yeux que mille objets d'horreur.
O malheureuſe ! ô jour de crime & de terreur !
O foudre du Ciel, je t'appelle !
Finis mes maux, viens m'embrâſer !
Qui la retient ? que ne part-elle ?
Que tarde-t-elle à m'écraſer ?

FIN DU SECOND ACTE.

ACTE TROISIEME.

Le Théâtre repréſente un Jardin orné pour une Fête conſacrée à Bacchus & aux Dieux d'Hyménée. On y voit ce qui ſuivoit chez les Anciens le Banquet du ſoir, au jour des Noces.

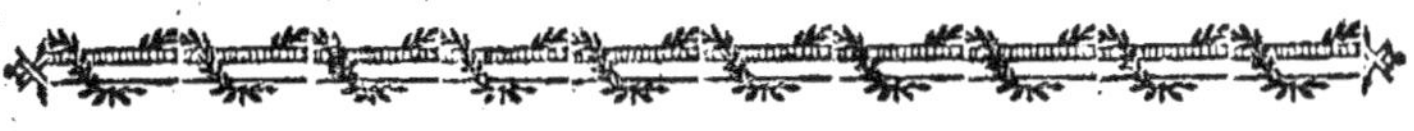

SCENE PREMIERE.

LES DANAIDES, LES EPOUX, DANAUS, HYPERMNESTRE, LINCÉE, ESCLAVES *couronnés de fleurs.*

ENSEMBLE.

LES DANAIDES.	LES EPOUX.
Célébrons à l'envi cette heureuſe alliance,	Célébrons à l'envi cette heureuſe alliance,
Dont un pere a formé les nœuds ;	Dont l'Hymen a formé les nœuds;
Répondons toutes à ſes vœux,	Dieu d'amour, comble tous nos vœux,
Avec la même ardeur, la même impatience.	Réponds à notre ardeur, à notre impatience.

C ij

LES EPOUX.

Dieux, qui formez des cœurs l'aimable intelligence;
Présidez seuls à ces beaux nœuds :
Fuyez à jamais de ces lieux,
Dieux, qui favorisez la haine & la vengeance.

(On danse.)

CHŒUR des EPOUSES.

Pour nos devoirs montrons un même zele,
Qu'un même fort unisse nos Epoux;
Enchaînons - les d'une chaîne éternelle.
D'un même trait blessons - les tous.

(On danse.)

CHŒUR des EPOUX.

Descends dans le sein d'Amphitrite,
Cache tes feux, astre jaloux !
Tendre Phœbé, hâte sa fuite !
Voiles discrets, déployez - vous;
Que ta carriere soit plus lente,
Nuit favorable à notre ardeur ;
Aurore, sois moins diligente,
Respecte une nuit de bonheur.

(On danse.)

DANAUS.

Aux Dieux qui suivent l'Hyménée,
Aux Dieux des amours & du vin,

Que de cet heureux jour la fin soit deſtinée ;
Que la coupe vermeille & de fleurs couronnée,
Brille & paſſe de main en main.

(*Les Eſclaves verſent le vin.*)

CHŒUR GÉNÉRAL.

L'amour ſourit au doux vainqueur du Gange ;
Ses traits les plus heureux , il les tient de ſa main ;
Il foule avec lui la vendange ,
Et fait couler ſes feux dans la pourpre du vin.
Que le plaiſir intariſſable ,
Au ſein d'une tranquille paix ,
Coule pour nous à jamais
D'une coupe inépuiſable ! .

(*Les Epouſes aſſiſes à côté des nouveaux Epoux,
paraiſſent vouloir les plonger dans une double ivreſſe,
& continuent de leur verſer à boire.*)

LINCÉE , *préſentant la coupe à Hypermneſtre.*

Prends ce gage ſacré de la main d'un amant.

(*Hypermneſtre recule d'horreur.*)

Hypermneſtre !

HYPERMNESTRE.

Ô terreur !

DANAUS.

Que fais-tu ?

HYPERMNESTRE, à part.

         C'est du sang

Qu'à mes esprits troublés d'une fête homicide,
Retrace avec horreur cette coupe perfide.

LINCÉE.

Je reste immobile & tremblant!
Suis-je frappé par le tonnerre?

HYPERMNESTRE, à part.

Je crois le voir, ce sang, sous sa main meurtriere,
Jaillir à grands flots de leurs flancs.

LINCÉE.

Crains-tu de rencontrer les regards de Lincée?
Ne suis-je plus l'époux que ton cœur a choisi?

HYPERMNESTRE, à Lincée.

Ah! que ne peux-tu lire au fond de ma pensée?

DANAUS, froidement.

Bannis ta tristesse insensée,
Dont ton cœur me paraît saisi.

LINCÉE.

Douterais-tu de ma tendresse?
Mon cœur, tu le sais trop , mon cœur est tout à toi.

DANAUS.

Quand tes Sœurs viennent de leur foi
De renouveller la promesse,
Crains - tu de confirmer un saint engagement,
Qui remplit tous mes vœux & ceux de ton amant?

HYPERMNESTRE, *à part.*

Grands Dieux ! soutenez mon courage !

LINCÉE.

Répands tes douleurs dans mon sein ;
Souviens-toi de l'amour, du nœud qui nous engage ;

DANAUS.

Que j'ai promis ton cœur, que j'ai donné ta main.

HYPERMNESTRE, *à part.*

Avec tant de sang-froid, ciel ! quel excès de rage !

LINCÉE.

Rends - moi ton cœur, ta confiance,
Rends-moi ces biens que j'ai perdus ;

Tous nos vœux satisfaits d'avance,
L'un par l'autre étaient prévenus.
Avant de rompre le silence,
Nos regards s'étaient entendus.
Rends-moi ton cœur, *&c.*

HYPERMNESTRE, à part.

Mon courage est à bout, je ne puis plus me taire.

DANAUS, bas à Hypermnestre.

Si ta bouche trahit le secret de ton pere,
A tous deux à l'instant je vous perce le cœur.

HYPERMNESTRE, à part.

Tout mon sang se glace d'horreur,
Ma raison se trouble & s'égare.
Fuyons.

LINCÉE, l'arrêtant.

Cruelle ! où vas-tu ?

HYPERMNESTRE.

Laisse-moi.

LINCÉE.

Tu vois mon trouble affreux, & tu me fuis, barbare !

HYPERMNESTRE

HYPERMNESTRE , égarée & s'arrêtant.
Je te fuirais !

L I N C É E , à Hypermneſtre.
D'où vient ce trouble & cet effroi?
Quoi ! tu fuis mes regards ?
(*à Danaus.*)
Ah ! Seigneur ! ah ! mon pere !
Pour la fléchir uniſſez - vous à moi.

D A N A U S.

Diſſipe ſa frayeur, ma fille, explique-toi.
Pourquoi t'obſtiner à te taire ?

D A N A U S & L I N C É E.
D. Ah ! prends pitié de ſon funeſte ſort.
L. Ah ! prends pitié de mon funeſte ſort.

H Y P E R M N E S T R E.

Lincée! (*à part.*) ô mortelle contrainte!
L I N C É E.
Qui peut cauſer ton ſilence & ta crainte?

D A N A U S, bas à Hypermneſtre.

Si tu dis un mot, il eſt mort.

H Y P E R M N E S T R E.

Mon pere!. mon époux!.. Dieux! quel affreux martyre!

D

Cruels ! que voulez-vous de moi ?
Ne voyez-vous pas que j'expire
D'amour, de contrainte & d'effroi ?
Hélas ! mes forces me délaiſſent,
Mes ſanglots tout prêts d'éclater,
Mes larmes, qu'il faut arrêter,
Reſtent ſur mon ſein qu'ils oppreſſent !
Le trouble confus de mes ſens
M'empêche de voir & d'entendre ;
Et mon cœur eſt prêt à ſe fendre
Par tant d'affreux déchiremens.

(Elle ſort.)

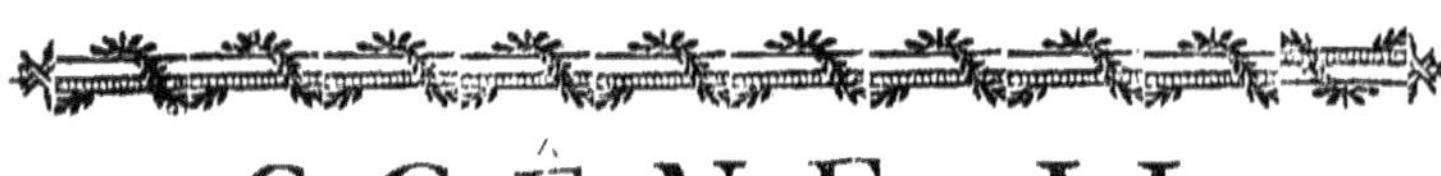

SCÉNE II.

LINCÉE, DANAUS, *les* **DANAIDES,** *les nou-*
veaux Epoux, **PELAGUS,** *Gardes.*

LINCÉE, voulant la ſuivre.

HYPERMNESTRE...

DANAUS, l'arrêtant.

Où vas-tu ? demeure & ſois tranquille.
De ces caprices vains ne ſois point effrayé,
Crois-en mes ſoins, crois-en mon amitié :
Je la rendrai bientôt à nos vœux plus docile.

(*à Pélagus* bas.)
Pélagus , cours les expier ;
Que ma volonté foit fuivie.
Tu me répondras fur ta vie
D'un mot ou d'un regard qu'ils pourraient s'envoyer.
(*Aux nouveaux Epoux.*)
Vous , dont la crainte & la trifteffe
Ne troublent point les defirs amoureux ,
Amants heureux ,
A la félicité qui va combler vos vœux ,
Préludez par votre alégreffe ;
Allez après ces jeux goûter un fi beau fort ,
Dans les bras de l'hymen (*à part.*) vous irez à la mort.
(*Il fort avec Lincée.*)

SCÈNE III.

HYMNE A BACCHUS.

CHŒUR danſé.

L'Amour ſourit au doux vainqueur du Gange.
Ses traits les plus heureux, il les tient de ſa main;
Il foule avec lui la vendange,
Et fait couler ſes feux dans la pourpre du vin.
Que le plaiſir intariſſable,
Au ſein d'une tranquille paix,
Coule pour nous à jamais
D'une coupe inépuiſable.

(Des Hymens, avec des flambeaux, précédent chaque couple d'Epoux, que des Génies enchaînent avec des Guirlandes, & paraiſſent les conduire dans la Chambre Nuptiale.

FIN DU TROISIEME ACTE.

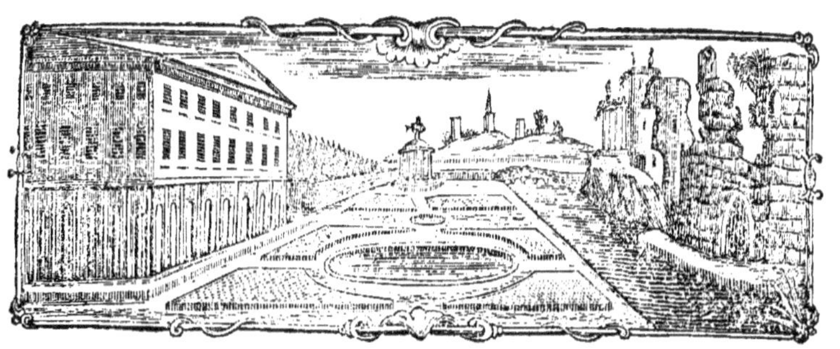

ACTE QUATRIEME.

Le Théâtre repréfente une Galerie qui communique à l'appartement d'Hypermneftre, & à ceux de fes Sœurs.

SCÉNE PREMIERE.

DANAUS, HYPERMNESTRE.

HYPERMNESTRE.

Ecoutez-moi, mon pere, au nom des Dieux !

DANAUS.

Eh ! que peux-tu me dire encore ?

HYPERMNESTRE *à genoux.*

Votre fille vous implore.

DANAUS.

C'eſt envain.

HYPERMNESTRE.

Rendez-vous à mes pleurs douloureux.

DANAUS.

Sers ma haîne, & remplis mes vœux.

HYPERMNESTRE.

Ne puis-je vous fléchir?

DANAUS.

Bannis-en la penſée.

HYPERMNESTRE.

Vous voulez donc ma mort?

DANAUS.

Non, celle de Lincée;
Et meurs enſuite ſi tu veux.

HYPERMNESTRE.

Par mille affreux tourmens éprouvez ma conſtance,
Plutôt que par mes mains il ſoit ſacrifié,

DANAUS.

Son crime par ta mort ne peut être expié.

HYPERMNESTRE.

Au nom facré de la Nature...

D A N A U S.

Nœud frivole, vain préjugé!

H Y P E R M N E S T R E.

Eh! vos fermens...

D A N A U S.

Je m'en fuis dégagé
Par un parjure.

(*A fes Gardes.*)

Gardes, je vous commets ma fûreté, mon fort;
De cet appartement environnez la porte,
Ne l'ouvrez qu'à Lincée, & fur-tout qu'il n'en forte
Que pour recevoir la mort.

HYPERMNESTRE à genoux.

Eh! quoi! ma priere...

D A N A U S.

Elle eft vaine.

HYPERMNESTRE.

Votre cœur...

D A N A U S.

Il ne peut changer.

HYPERMNESTRE.

Que la pitié succéde à votre haîne !

DANAUS.

Ce sentiment m'est étranger.

HYPERMNESTRE.

Me laissez-vous sans espérance ?

DANAUS.

Rien ne peut me faire changer.

HYPERMNESTRE.

Ah ! mon pere...

DANAUS.

Sers ma vengeance.

(*Il sort.*)

SCÈNE

SCÊNE II.

HYPERMNESTRE, seule.

LE barbare ! il me fuit ; mes larmes, ma priere,
   Mon défefpoir irritent fes fureurs !
Ses Gardes moins cruels, (plus humains que mon
   pere,)
      Ont été touchés de mes pleurs ;
   De mon Epoux ils permettent la fuite :
   Ils m'ont juré de protéger fes jours.
A quelle extrêmité ma tendreffe eft réduite !
Je veux, je dois vouloir qu'il parte, qu'il me quitte,
Qu'il s'éloigne de moi.... Peut-être pour toujours ?

Mais comment annoncer au malheureux Lincée,
      Qu'il faut nous féparer ?
Plein du bonheur qu'Hymen lui permet d'efpérer,
   Il va venir, il lit dans ma penfée....
Je tremble, je frémis de cet affreux forfait,
     Et ! comment lui faire un myftere ?
Pourrais-je lui cacher cet horrible fecret,
D'où dépendent fes jours, ou les jours de mon pere?..

   Vous qui voyez l'excès de ma faibleffe,
             E

Dieux juftes, éloignez de ce fatal Palais,
Cet Amant, cet Epoux fi cher à ma tendreffe,
Et féparez-nous pour jamais.

O toi ! mon unique efpérance,
Fatal objet de tous mes vœux ;
Cher Epoux, vois mon fort affreux,
Il me réduit à craindre ta préfence.
Dieux ! je le vois.

SCÈNE III.

HYPERMNESTRE, LINCÉE.

*LINCÉE tombant aux genoux d'Hypermneſtre,
qui eſt aſſiſe.*

LINCÉE, à tes genoux,
Aux plus tendres tranfports, peut donc livrer fon
âme ?

HYPERMNESTRE, le repouſſant doucement.

Que fais-tu ? laiffe-moi.

LINCÉE.

Cher objet de ma flâme,
N'écoute que l'Amour en des momens fi doux.

HYPERMNESTRE.

Dieux !

LINCÉE.

Que vois-je, des pleurs inondent ton visage !
Tu veux me les cacher, tu détournes les yeux !
(*à part.*)Ciel!que dois-je penser de ce désordre affreux?

HYPERMNESTRE.

Ah ! cher Epoux, rappelle ton courage.

LINCÉE, *à part.*

Qu'entends-je ?

HYPERMNESTRE.

Hélas ! je sens tout le mien expirer.

LINCÉE.

Parle.

HYPERMNESTRE.

Lincée, il faut nous séparer!

LINCÉE.

Nous séparer ! (*bas*) quel étrange langage !
(*haut.*) Qui peut nous imposer cette barbare loi?

HYPERMNESTRE.

Et l'Enfer & le Ciel, dont je suis poursuivie.

E ij

LINCÉE.

Quand ton pere & les Dieux m'ont engagé ta foi,
Et qui pourrait briser le faint nœud qui nous lie ?

HYPERMNESTRE.

(*Bas.*) Je frémis d'horreur & d'effroi !
(*Bas.*) Si Danaus paraît, c'en eft fait de fa vie.
(*Haut.*) Parts ! ne differes pas, Lincée, éloigne toi.

LINCÉE.

Moi, te quitter !

HYPERMNESTRE.

Pars ! fuis ! je t'en conjure,
Regagne tes vaiſſeaux.

LINCÉE.

Il faut vous obéir ;
Mais avec votre Fpoux êtes-vous prête à fuir ?

HYPERMNESTRE.

Que ne le puis-je ! hélas !

LINCÉE.

Parjure !

LINCÉE.

Crois-tu par une feinte ardeur,
En impofer à ma flâme offenfée ?
J'ai trop fu lire dans ton cœur,
Perfide, tu trahis Lincée !

HYPERMNESTRE.

Qu'entends-je, ô Ciel ! quel foupçon odieux !
Moi le trahir ! vous le favez, grands Dieux !
Cruel !

LINCÈE, appuyé fur la couliffe.

A peine aux Autels d'Hymenée,
Ses ferments ont comblé mes vœux ;
D'une chaîne fi fortunée,
L'infidelle brife les nœuds.

HYPERMNESTRE.

Injufte Epoux !

LINCÉE.

Que mon fort eft affreux !

Des tourments de la jaloufie,
Des doux fentiments de l'amour,
Tour-à-tour mon âme eft faifie,
Ils me déchirent tour-à-tour.
Je dois la hair ! la cruelle !
Je le dois, & je le voudrais ;
Mais mon cœur malgré moi fidele,
Ne pourra l'oublier jamais.

HYPERMNESTRE.

Ma force m'abandonne, & ma raifon s'égare.

Eh, comment foutenir fes foupçons & fes pleurs!
(*Allant à lui.*) Lincée! eh! cher Lincée!

LINCÉE.

Eh! laiffe-moi, barbare.

HYPERMNESTRE.

Cruel! eh bien! connais tous nos malheurs.

LINCÉE.

Parle.

HYPERMNESTRE , *égarée.*

Vois-tu ce fer... (*à part.*) ô Ciel! qu'allais-je
dire ?

LINCÉE.

Eh bien! ce fer.

HYPERMNESTRE.

Oui, ce fer... de ma main...
Que fais-je? vers mon cœur tout mon fang fe retire.

LINCÉE.

Explique - toi.

HYPERMNESTRE.

Si ta flâme jaloufe
Ofe outrager encor ta malheureufe Epoufe,
De ce fer à tes yeux je me perce le fein.

LINCÉE courant à elle, & tombant à fes genoux.

Juftes Dieux ! ah ! pardonne au tourment qui m'ac-
cable.

Si j'ai mérité ton courroux,
Hypermneftre, pardonne à ton injufte Epoux ;
L'excès de fon amour l'a feul rendu coupable.

HYPERMNESTRE, le ferrant dans fes bras.

Lincée !

Hélas ! que ne puis-je te fuivre
Dans les déferts les plus affreux ?
Près de toi que ne puis-je y vivre !
Ah ! mon fort ferait trop heureux.

LINCÉE.

Quelle fatalité cruelle !
Quelle injufte & barbare loi
Peut forcer ton époux fidele
A fuir, à s'éloigner de toi ?

HYPERMNESTRE.

Que ne puis-je parler ?

LINCÉE.

Qui te force à te taire ?
Ton filence me défefpere.
Ne puis-je pénétrer ?...

HYPERMNESTRE.

Non, ne l'efpere pas.

LINCÉE.

Au nom des Dieux!

HYPERMNESTRE, *à part.*

Je tremble, je friffonne.

LINCÉE.

Au nom de notre amour.

HYPERMNESTRE.

Précipite tes pas.

(*à part.*) L'inftant approche & la mort l'environne.
(*haut.*) Eloigne-toi.

LINCÉE.

Moi! que je t'abandonne!

HYPERMNESTRE.

Pars, fuis, arrache-toi de mes trop faibles bras.

LINCÉE.

Eh! le puis-je?

HYPERMNESTRE.

Il le faut.

LINCÉE.

Hypermneftre l'ordonne.

ENSEMBLE.

Sort cruel! quelle eft ta rigueur!
Quelle eft ta barbarie extrême!
Il faudrait aimer comme j'aime,
Pour concevoir l'excès de ma douleur.

SCÉNE

SCÊNE IV.

HYPERMNESTRE, LINCÉE, PELAGUS.

PELAGUS, entrant avec précipitation.

Suivez-moi, Prince, à l'inftant même
On va donner l'affreux fignal.

*HYPERMNESTRE, pouffant Lincée hors du
Théâtre.*

Fuis, malheureux! fuis ce palais fatal.

LINCÉE.

Que dites-vous?

HYPERMNESTRE.

Tu meurs, fi tu différes.
(*On entend le fignal.*)
O ciel!

LINCÉE.

Qu'entends-je?

HYPERMNESTRE.

Fuis! on égorge tes freres.

LINCÉE.

Mes freres!

HYPERMNESTRE.

Fuis!

F

L I N C É E.

Je cours les secourir,
Les venger ou périr.

(Il sort avec Pélagus.)

SCÊNE V.

HYPERMNESTRE, *les Epoux qu'on ne voit pas.*

LES *E P O U X.*

Barbare, tu m'ôtes la vie!

H Y P E R M N E S T R E.

Quels cris affreux! ô barbare fureur!
O forfaits inouis! ah! fuyons, je me meurs.

(Elle tombe évanouie.)

SCÊNE VI.

Cris des E P O U X.

Arrête, implacable furie,
Cruelle! quelle barbarie!
Quelle abominable fureur!
Serment affreux! Noce infernale!
O jour de sang! ô nuit fatale!
O forfaits! ô comble d'horreur!

FIN DU QUATRIEME ACTE.

ACTE CINQUIEME.

La même décoration qu'au quatrieme Acte.

SCÊNE PREMIERE.

HYPERMNESTRE, égarée.

Où vais-je ! où suis-je ! ah ! quel sombre silence
    Succéde à des cris douloureux ?
Lincée, ah ! cher Lincée... ô coupable vengeance !
Lincée... à peine il sort de ces funestes lieux...
Eh ! comment d'un tyran perfide & furieux,
    Aurait-il pu tromper la vigilance ?
Les pieges de la mort environnaient ses pas ;
C'en est fait... mon Epoux a subi le trépas ;
Du cruel Danaus la haîne est assouvie.

F ij

Pere barbare, arrache-moi la vie !
Joins ta Fille à ton Gendre, & l'Epouſe à l'Epoux.
Dans mon cœur déchiré plonge ta main impie,
Et que j'expire ſous tes coups !

(*Elle tombe ſur un ſiege.*)

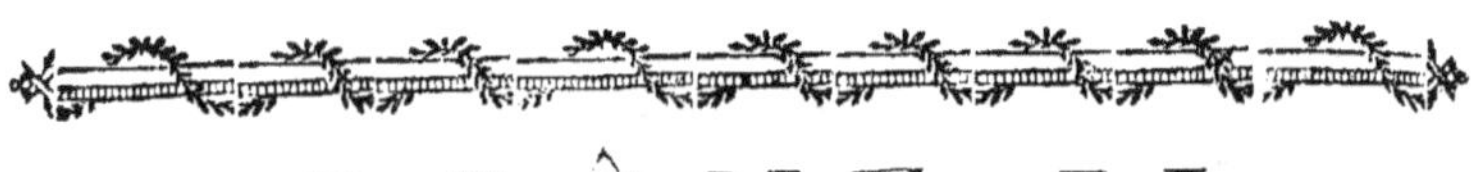

SCÈNE II.

HYPERMNESTRE, DANAUS.

DANAUS, entrant avec violence.

MA vengeance eſt-elle remplie ?
Lincée eſt-il mort de ta main ?
Réponds, parle !

HYPERMNESTRE.

Inhumain !
Aſſouvis dans mon ſang toute ta barbarie !

DANAUS, regardant de tous côtés.

Pourquoi ne pas offrir à mon œil curieux,
Le corps pâle & ſanglant d'un traître que j'abhorre !

HYPERMNESTRE, ſe relevant.

Qu'ai-je entendu… Lincée… il vit encore…

J'ai fauvé mon Epoux. Je vous rends grace, ô Dieux!

DANAUS, prenant le poignard qui eſt reſté
ſur la table.

Que vois-je ? ma haîne eſt trahie,
Ce fer n'eſt point enfanglanté.

HYPERMNESTRE.

Oui, j'ai trompé ta cruauté,
Lincée échappe à ta furie.

DANAUS.

Perfide !

HYPERMNESTRE.

Le Ciel juſte aura, grace à mes foins,
A punir un forfait de moins.

DANAUS.

Tu vas fubir la mort la plus affreufe.

HYPERMNESTRE.

Privez-moi de la vie, elle m'eſt odieufe ;
Vos crimes me la font haïr.

DANAUS.

Qu'on la charge de fers.

HYPERMNESTRE.

Mes mains s'y vont offrir.

J'ai fauvé mon Epoux, je brave ta vengeance.

(Elle fort.)

SCÊNE III.

DANAUS, GARDES.

ELLE n'a pu tromper ma vigilance ;
    De ce Palais il n'a pu fuir :
Elle croit l'y cacher, fon efpérance eft vaine ;
    Marchons. Qu'il tombe fous nos coups.
C'eft peu de tout le fang qu'a fait couler ma haîne,
Si celui de Lincée échappe à mon courroux !

(Danaus & fes Gardes fortent.)

SCÊNE IV.

(Les Danaides entrent de tous côtés furieufes, les cheveux épars ; elles font couvertes à moitié de peaux de tigres , &c. Les unes tiennent d'une main un tïrfe , & de l'autre un poignard enfanglanté. Les autres portent des tambours fur lefquels elles frappent avec les poignards. D'autres portent des flambeaux allumés.)

LES *DANAIDES.*

Gloire, Evan, Evoé, Bacchus, ô Dieu puiffant!
    Terrible & bienfaifant !
    C'eft toi que la Bacchante appelle !
Le Citheron s'ébranle à fes cris furieux ;
    Dans fa main le fer étincelle ,
    La mort fuit l'éclair de fes yeux.

                    (Pantomime.)
PLANCIPPE.

O Bacchus, Evoé, celles dont ton ivreffe ,
    Dont tes fureurs brûlent le fein ,
D'une indigne pitié furmontent la faibleffe ,
    Elles n'ont plus rien d'humain.

LES DANAIDES.

Gloire, Evan, Evoé, &c.

PLANCIPPE.

A ton pouvoir Penthée infulte ;
Sa famille venge fon culte,
Elle brave l'effort de mille combattans.
Sous le Tirfe ils tombent fans vie,
Et la Menade affouvie,
S'endort fur leurs corps palpitans.

LES DANAIDES.

O Bacchus, Evoé, celles dont ton ivreffe,
Dont tes fureurs, *&c.*

SCÊNE V.

DANAUS, LES DANAIDES.

DANAUS.

Mes filles, chers objets de ma reconnaiffance,
Ma haîne eft trahie : armez-vous ;
Courez achever ma vengeance,
Une victime échappe à mon courroux.

LES DANAIDES l'entourent avec fureur.

Quel Palais faut-il mettre en cendre ?
Nommez le fein qu'il faut percer.

Parlez !

Parlez ! quel sang faut-il verser ?
Tous nos cœurs brûlent d'en répandre.

D A N A U S.

Hypermneſtre à ma haîne a ſouſtrait ſon Epoux ;
Caché dans ce Palais à la faveur de l'ombre,
Je le cherche envain, la nuit ſombre
Dérobe le traître à mes coups.

L E S D A N A I D E S.

Sous nos coups preſſés qu'il expire !
Chaque moment qu'il reſpire
Eſt un reproche pour nos cœurs.
Courons aſſouvir nos fureurs

(*Elles ſortent.*)

S C E N E VI.

D A N A U S, ſeul.

Dieux, auriez-vous trahi mon eſpérançe,
Et ſouſtrait Lincée à mes coups ?
Dieux cruels ! à la moindre offenſe,
Vos foudres éclatent ſur nous.
Vous vous enivrez, Dieux jaloux,
Du doux plaiſir de la vengeance ;
Cette ſuprême jouiſſance,
Pour vous ſeuls la réſervez-vous ?

G

SCÉNE VII.

DANAUS, *deux* OFFICIERS *qui entrent l'un
après l'autre.*

UN *OFFICIER.*

Seigneur, Lincée accourant du rivage,
Suivi de ses Soldats, s'avance vers ces lieux.

DANAUS.

Marchons, je vais l'immoler à vos yeux.

L'OFFICIER.

Vos filles ont voulu lui fermer le passage,
Tout leur sang répandu vient d'expier leur rage,
Et d'appaiser le sang de leurs Epoux.

DANAUS.

O Dieux !

L'OFFICIER.

Tout fuit, ou tombe sous ses coups.

DANAUS.

De mes Gardes épars rassemblez les cohortes,
Suivez-moi.

Un second OFFICIER.

Du Palais on attaque les portes.

D A N A U S.

Qu'on amene Hypermneftre, oui, je veux l'immoler.
Oui, que fon cri de mort dans mon cœur retentiffe,
Et que ma fureur s'adouciffe,
En voyant tout fon fang couler.

S C Ê N E   V I I I.

HYPERMNESTRE, DANAUS, GARDES.

D A N A U S.

Tu t'applaudis du piege où ta main m'a conduit;
Mais perfide ! de ton crime
Tu te flattais en vain de recueillir le fruit.

H Y P E R M N E S T R E.

Vous qui me connaiffez, Dieux! rendez-moi juftice.

D A N A U S.

Qu'on l'immole à mes yeux ! frappez ; qu'on m'o-
béiffe.

SCÊNE IX.

Un troisieme OFFICIER, accourant.

DÉJA de votre appartement
La barriere est forcée.
Vos sujets révoltés se sont joints à Lincée ;
Pour fuir , Seigneur , vous n'avez qu'un moment.

DANAUS.

Il n'est donc plus en ma puissance
De m'immoler Lincée , & d'éviter la mort ;
Mais avant que le traître ordonne de mon sort ,
Je jouirai du moins d'une double vengeance.

(*Il tire son épée pour en percer Hypermnestre.*)
Perfide ! meurs.

SCÊNE X.

LES ACTEURS PRÉCÉDENS.

PÉLAGUS *en fuite ,* LINCÉE *, &c.*

PELAGUS *, frappant Danaus.*

CRUEL ! tiens, reçois le salaire
Que tes forfaits ont mérité ,

Et le prix de ta cruauté.

(*Il le pousse dans la coulisse, où il le tue.*)

HYPERMNESTRE.

Arrêtez.

LINCÉE, entrant.

Hypermnestre.

HYPERMNESTRE, égarée.

O Dieux ! sauvez mon pere.

PELAGUS, rentrant.

Le barbare n'est plus.

HYPERMNESTRE.

Ah ! cruel ! je me meurs.

(*Elle tombe évanouie.*)

LINCÉE.

Eloignez-la de ces scênes d'horreur.

Et rappellez ses yeux à la lumiere.

Mes freres sont vengés ; j'ai puni les forfaits ;

Le ciel a conservé les jours de ce que j'aime.

Rendons graces aux Dieux de leur bonté suprême.

L E *CHŒUR.*

Rendons graces aux Dieux de leur bonté suprême.

(*Le Théâtre s'obscurci.*)

LINCÉE.

Mais du courroux du ciel quels terribles effets !

(*La terre tremble, on entend le tonnerre.*)

SCÈNE XI.

LINCÉE & LE CHŒUR.

L A terre tremble, le ciel gronde,
Entendez-vous la foudre retentir ?
L'enfer s'ouvre pour engloutir
Ces lieux de sang sous sa voûte profonde.
Fuyons vers la terre féconde,
De l'heureux Empire d'Isis,
Conduisons Hypermneftre au Palais de Memphis.

(Le Palais écrasé par la foudre, & dévoré par les flâmes, s'abîme & disparoît. La Décoration change & repréfente les Enfers. On voit le Tartare roulant des flots de fang fur fes bords, & au milieu du Théâtre, Danaus paroît enchaîné fur un rocher; fes entrailles fanglantes font dévorées par un vautour, & fa tête eft frappée de la foudre à coups redoublés. Les Danaides font les unes enchaînées par grouppes, tourmentées par les Démons, & dévorées par des ferpens ; les autres pourfuivies par des furies, rempliffent le Théâtre de leurs mouvemens & de leurs cris ; une pluie de feu tombe perpétuellement ; le tout forme une Pantomime du genre le plus terrible.)

SCÊNE DERNIERE.

CHŒUR des DANAIDES.

Quelle rigueur! quels tourmens inouis!
    Ceffez, ceffez, Dieu du Ténare,
        Quel plaifir barbare
    Prenez - vous à nos cris!

CHŒUR des DÉMONS.

    Jamais, filles dénaturées,
    Vos fupplices ne finiront.
    D'affreux ferpens fe nourriront
    De vos entrailles déchirées,
    Et toujours elles renaîtront
        Pour être toujours dévorées.

(à Danaus.)

Et toi, dont fur la terre, en proie à ta fureur,
La haine avait déja commencé le fupplice,
        Qu'ici ta cruauté s'uniffe
A celle du vautour qui déchire ton cœur.

CHŒUR des DANAIDES.

Quelle rigueur! quels tourmens inouis!
        Ceffez, &c.

CHŒUR des DÉMONS.

Jamais, filles dénaturées,
Vos supplices ne finiront.
D'affreux serpens se nourriront
De vos entrailles déchirées,
Et toujours elles renaîtront
Pour être toujours dévorées.
Eprouvez des tourmens sans relâche, sans fin,
Subissez l'arrêt du destin.

(La toile baisse.)

FIN.

APPROBATION.

J'AI lu par ordre de Monseigneur le Garde des Sceaux, L'OPÉRA DES DANAIDES, & je n'y ai rien trouvé qui m'ait paru devoir en empêcher l'impression. A Paris ce 28 Mars 1784.

BRET.